DAS ULTIMATIVE
Hai
BUCH FÜR KIDS

100+ erstaunliche Fakten über
Haie, Fotos und Quiz

Jenny Kellett

BELLANOVA

MELBOURNE · SOFIA · BERLIN

Haie: Das Ultimative Haibuch für Kids
www.bellanovabooks.com

PAPERBACK
ISBN: 978-619-7695-76-2
Imprint: Bellanova Books

Copyright Jenny Kellett

Alle Rechte vorbehalten. Kein Teil dieses Buches darf ohne schriftliche Genehmigung des Autors in irgendeiner Form elektronisch oder mechanisch vervielfältigt werden, auch nicht durch Fotokopieren, Aufzeichnungen oder Speichern und Abrufen von Informationen.

INHALT

Einleitung	**6**
Hai-Fakten	**8**
Unsere Haie beschützen ...	**58**
Hai-Quiz	**64**
Antworten	**68**
Wortsuche Rätsel	**70**
Lösung	**72**
Quellen	**73**

DAS ULTIMATIVE HAIBUCH FÜR KIDS

EINLEITUNG

Haie sind eine der coolsten und wildesten Kreaturen des Ozeans. Vom riesigen, aber sanften Walhai bis hin zum wilden Weißen Hai - Haie sind die faszinierendsten aller Fische.

Wusstest du, dass man die Angst vor Haien Galeophobie nennt?

Aber ich vermute, wenn du dir dieses Buch ansiehst, hast du keine Angst vor Haien.

Lass uns loslegen!

DAS ULTIMATIVE HAIBUCH FÜR KIDS

HAI-FAKTEN

Haie sind einige der interessantesten Kreaturen auf diesem Planeten! Lass uns einen Blick auf die erstaunlichsten Fakten über Haie werfen.

Der am tiefsten tauchende Hai ist der Portugiesendornhai, der in einer Tiefe von über 3,675 km unter der Oberfläche des Ozeans gefunden wurde!

...

Der erste Haiangriff, der aufgezeichnet wurde, war im Jahr 1749. Dazu existiert ein Gemälde des british-amerikanischen Malers John Singleton Copley namens "Watson und der Hai".

Ein junger Tigerhai.

Obwohl die Geschichte des Films "Der Weiße Hai" nicht real ist, basiert sie auf Haiangriffe im Jahr 1916, bei dem vier Menschen vor der Küste von New Jersey ums Leben kamen.

...

Fast 50 verschiedene Haiarten haben leuchtende Organe, die Leuchtorgane oder Photophore genannt werden. Sie nutzen dieses Licht zur Tarnung und um Partner anzulocken.

...

Haien gehen nie die Zähne aus: wenn sie einen verlieren sollten, kommt ein nächster aus ihrer Ersatz-Zahnreihe hervor.

Haie können keine Kugelfische fressen, weil sich der Fisch wie ein Ballon im Maul des Hais aufbläst und ihn verletzt.

•••

Haie fressen manchmal andere Haie!

•••

Ein Hai kann in seinem Leben bis zu 30.000 Zähne bekommen.

•••

Wenn du von einem Hai gebissen wirst, wird er dich höchstwahrscheinlich nicht mehr beißen. Denn sie mögen den Geschmack von Menschen nicht. Sie lassen los, sobald sie merken, dass du kein Meerestier bist.

DAS ULTIMATIVE HAIBUCH FÜR KIDS

Ein karibischer Riffhai.

Haie können hunderte von Kilometern an einem Tag zurücklegen.

· · ·

Obwohl die durchschnittliche Geschwindigkeit für einen Hai bei 30-60 km/h liegt, können Makohaie bis zu 90 km/h schwimmen!

Wenn ein Hai Nahrung frisst, die
er nicht verdauen kann (wie einen
Schildkrötenpanzer), kann er sie wieder
hochwürgen. Er stößt dabei seinen Magen aus
dem Maul und zieht ihn dann wieder hinein!

...

Haie sind nicht farbenblind. Tatsächlich
haben einige Taucher behauptet, dass sie von
bestimmten Farben angezogen werden,
wie z.B. das Gelb in manchen
Neoprenanzügen.

...

Die Größe eines Hais hängt damit zusammen,
wo er nach seiner Nahrung jagt. Kleinere
Haie fressen in der Nähe des Meeresbodens,
während größere Haie in den mittleren Tiefen
des Ozeans jagen.

Die Trächtigkeitsdauer (die Zeit, wie lange die Schwangerschaft dauert) kann bei weiblichen Haien zwischen fünf Monaten und bis zu zwei Jahren schwanken!

• • •

Das Skelett der Haie besteht aus Knorpel, nicht aus Knochen. Dies ermöglicht ihnen, flexibler zu sein. Knorpel ist das gleiche weiche Material, aus dem unsere Ohren bestehen.

• • •

Es gibt eine Haiart, die "Zigarrenhai" (im Englischen "Cookiecutter" - frei übersetzt *Keksausstecher*) genannt wird. Er heißt so, weil er andere Haie in Formen von Zigarrenschneidern oder Plätzchenformen beißen kann - sogar Weiße Haie!

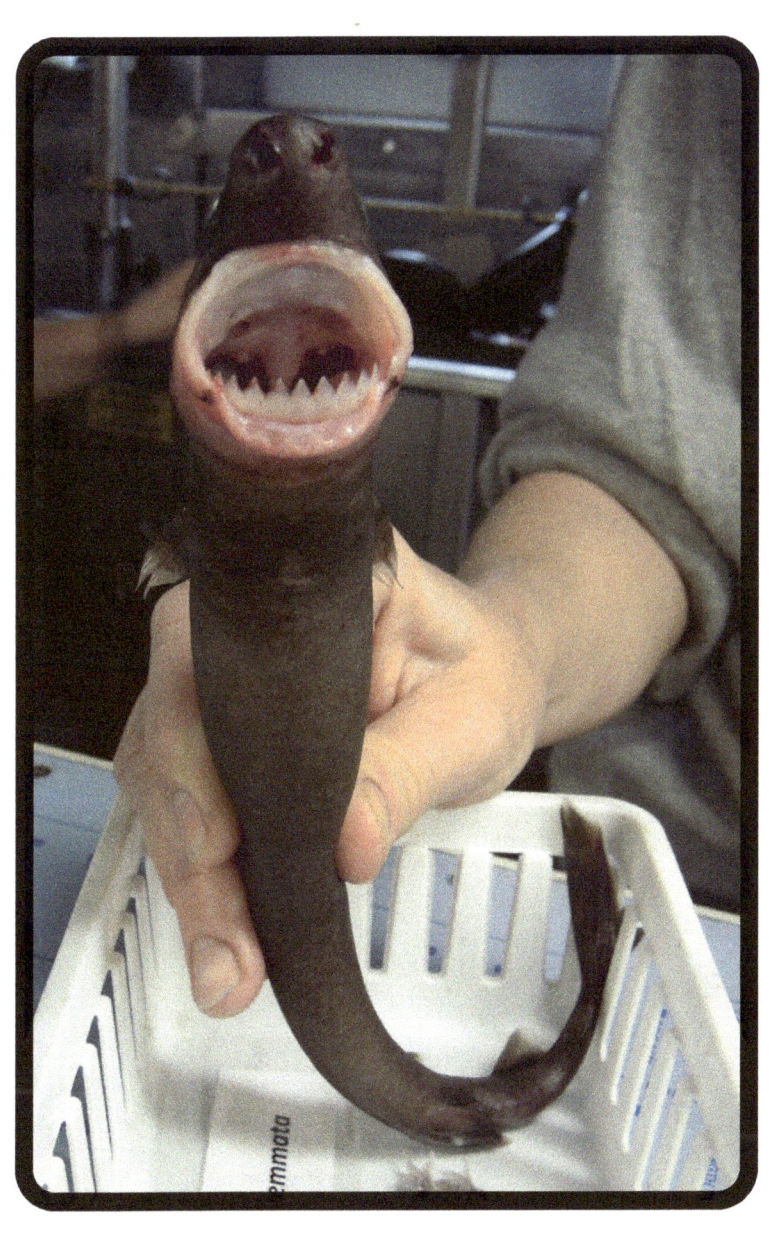

Ein Zigarrenhai. Bild: NOAA Photo Library

Die Haut von weiblichen Haien ist viel dicker als die von Männchen. Das liegt daran, dass die Männchen die Weibchen während der Paarung beißen.

• • •

Die Ohren der Haie befinden sich in ihrem Kopf.

• • •

Schallwellen breiten sich im Wasser schneller und weiter aus, sodass Haie leicht tiefe Töne wahrnehmen können, die von Bewegungen, z.B. von Fischschwärmen, verursacht werden.

< *Schwarzspitzen-Riffhai.*

Der Koboldhai (oder Nasenhai) lebt entlang von Unterwassergebirgen und äußeren Kontinentalsockeln. Sie leben so tief, dass Menschen sie nicht erforschen können.

• • •

Haie können ihre Augen mithilfe eines speziellen Organs erhitzen, das neben einem Muskel in ihrer Augenhöhle sitzt. Dies ermöglicht es ihnen auch in kalten Gewässern zu jagen.

• • •

Haifischflossensuppe ist eine Delikatesse in China.

HAI-ANATOMIE

- AUGE
- KIEMEN
- RÜCKENFLOSSE
- MUND
- BRUSTFLOSSE
- SCHWANZFLOSSE
- KÖRPER

Der prähistorische Hai namens "Megalodon" wurde wahrscheinlich bis zu 18 Meter lang. Er ist heute als der größte Hai aller Zeiten bekannt.

• • •

Jedes Jahr frisst der Weiße Hai ungefähr 11 Tonnen Nahrung! Der Mensch isst etwa eine halbe Tonne Nahrung pro Jahr.

Fast zwei Drittel der Hai-Angriffe auf den Menschen geschehen in weniger als einem Meter Wassertiefe.

•••

Der Grönlandhai ist vermutlich der langsamste Hai der Welt. Er wurde mit Rentieren und Eisbären in seinem Magen gefunden!

•••

Traurigerweise töten Menschen etwa 73 Millionen Haie jährlich. Sie sollten also Angst vor uns haben, nicht umgekehrt.

Grönlandhai. *Bild: Hemming*

20% der Haie sind vom Aussterben bedroht, weil kommerzielle Fischereien versehentlich Haie mit ihren Netzen und Haken fangen.

Bogenstirn-Hammerhai.

Walhaie legen die größten Eier von
allen Tieren an Land oder im Meer - das
größte jemals gefundene Ei war 35 cm
im Durchmesser. Das ist so groß wie drei
Fußbälle übereinander.

• • •

Blauhaie gehören zu der am meisten
bedrohten Art der Welt.

• • •

Walhaie sind eine der größten Haiarten, aber
sie stellen keine Bedrohung für den Menschen
dar - sie fressen nur Plankton.

• • •

Hammerhaie werden mit weichen Köpfen
geboren, damit sie den Geburtskanal ihrer
Mutter nicht beschädigen.

Taucher schwimmen mit Walhaien.

Obwohl eine fast gleiche Anzahl von Männern und Frauen im Ozean schwimmen, sind rund 90 % der Hai-Angriffsopfer Männer.

• • •

Haie können bis zu 1,8 t Kraft mit nur einem einzigen Biss erzeugen. Löwen dagegen schaffen "nur" 560 kg.

• • •

Nur 20 der über 350 Haiarten sind dafür bekannt, dass sie Menschen angreifen.

• • •

Engelhaie, auch bekannt als Meerengel, graben sich in Sandhaufen ein und warten, bis ahnungslose Fische vorbeikommen, bevor sie sie angreifen.

Bullenhai.

Haie können ein Geräusch hören, das 'Yummy Hum' genannt wird. Dieses Infraschall-Geräusch wird von verletzten Fischen erzeugt. So wissen Haie, dass sie eine leichte Mahlzeit bekommen können!

...

Haie erkranken sehr selten an Krebs, weshalb Wissenschaftler/innen sie auf der Suche nach Heilmitteln gegen Krebs untersuchen.

...

Haie haben ein sehr gutes Gehör - manche können ihre Beute aus bis zu 950 m Entfernung hören!

Walhaie können bis zu 150 Jahre alt werden - älter als jedes andere Tier auf dem Planeten.

...

Haie kauen ihre Beute nicht - sie reißen sie in Stücke und verschlucken sie.

...

Einige weibliche Haie können bis zu zwei Jahre lang schwanger sein!

...

Haie gibt es bereits seit über 400 Millionen Jahren und sie haben sich kaum verändert - sie sind wie Dinosaurier der Meere!

Babyhaie werden **Welpen** genannt, männliche Haie heißen Bullen und weibliche Haie werden einfach nur Weibchen genannt.

• • •

Die kleinen Flossen auf den beiden hinteren Seiten eines Hais werden Beckenflossen genannt.

• • •

Die meisten Riesenhaie ernähren sich von Plankton.

• • •

Der durchschnittliche Tigerhai ist 3 bis 4,5 m lang. Sie können aber auch bis zu 5,5 m lang werden.

Nahaufnahme eines Tigerhais.

DAS ULTIMATIVE HAIBUCH FÜR KIDS

Haie haben zwei Kammern in ihrem Herzen.

...

Manche Haie müssen sich bewegen, um Wasser durch ihre Kiemen fließen zu lassen, dieser Prozess wird Ventilation genannt.

...

Einige Haie haben ein zusätzliches Paar Augenlider, die sogenannte **Nickhaut** oder "drittes Augenlid".

Versteinertes Haizahn Fossil.

Es gibt ungefähr 10.000 Weiße Haie, die heute in den Ozeanen leben.

· · ·

Makohaie können über bis zu 20 m aus dem Wasser springen.

· · ·

Der Weiße Hai sollte nicht von Menschen gegessen werden, weil er hohe Mengen an Quecksilber enthält.

Großer Weißer Hai.

DAS ULTIMATIVE HAIBUCH FÜR KIDS

Haie bekommen ihren Sauerstoff zum "Atmen", indem sie ihn aus dem Meer filtern.

• • •

Ozeanische Weißspitzenhaie haben eine abgerundete Rückenflosse.

• • •

Riesenmaulhaie sind nicht besonders gefährdet, doch sie lassen sich nur einfach unglaublich selten sichten.

• • •

Kragenhaie haben ein kreisförmiges Maul.

Ozeanischer Weißspitzenhai.

Er ist aufgrund seiner Anatomie und Gestalt als "lebendes Fossil" bekannt.

• • •

Manche Haibabys fressen ihre Geschwister vor der Geburt.

DAS ULTIMATIVE HAIBUCH FÜR KIDS

Wenn Weiße Haie ihre Beute angreifen, rollen sich ihre Augen in den Hinterkopf ein. Das verhindert, dass ihre Augen verletzt werden.

• • •

Pygmäenhaie können in eine Tiefe von 1,6 km tauchen und erzeugen ihr eigenes Licht.

• • •

Walhaie haben das größte Maul von allen Haien.

• • •

Weiße Haie werden zwischen 3,4 - 6,1 m lang.

Ein Weißer Hai, der einen Walkadaver frisst.

Weiße Haie können bis zu drei Monate von einer großen Mahlzeit zehren.

...

Manche Haie können in Trance versetzt werden, indem man sie auf den Kopf dreht. Dies wird **tonische Immobilität** genannt.

...

Australien hat die meisten registrierten jährlichen Haiangriffe.

Ein Zitronenhai. Es hat seinen Namen von seiner gelblichen Färbung, die als Tarnung mit Sand wirkt.

Haie pflanzen sich sowohl durch Eiablage als auch durch Lebendgeburten fort.

DAS ULTIMATIVE HAIBUCH FÜR KIDS

Sandtigerhai.

Ein anderer Name für den Sandtigerhai ist Grauer Sandhai.

• • •

Weibliche Haie sind normalerweise größer als männliche Haie.

• • •

Blauhaie sind dafür bekannt, so viel zu fressen, dass sie erbrechen müssen und fressen dann trotzdem weiter.

• • •

Fuchshaie benutzen ihre langen Schwänze, um ihre Beute zu betäuben.

Ein Epaulettenhaie.

Epaulettenhaie können ihre Brustflossen benutzen, um entlang des Meeresbodens zu laufen.

Es gibt über 350 verschiedene Arten von Haien.

• • •

Zwerghaie sind die kleinste Haiart.
Sie werden 16-20 cm lang und wiegen durchschnittlich 150 g.

• • •

Weiße Haie können bis zu 3 m aus dem Wasser springen.

• • •

Ein Weißer Hai kann einen Tropfen Blut in einem Wasserbecken so groß wie ein olympisches Schwimmbecken erkennen.

Ichthyologen ist der Name für Leute, die Haie studieren.

• • •

Bullenhaie können sowohl im Salzwasser als auch im Süßwasser überleben.

• • •

Sandtigerhaie schlucken Luft, die dann wie eine Schwimmblase wirkt, um ihre Jagd zu verbessern oder zu schlafen, ohne in Bewegung zu sein.

• • •

Seidenhaie haben eine glattere Haut als andere Haie.

Zwei Seidenhaie.

Haie haben bis zu 3.000 Zähne auf einmal in ihrem Maul.

• • •

Ammenhaie können still sein, ohne zu ertrinken. Haie müssen sonst eigentlich in ständiger Bewegung sein.

• • •

Mantarochen gehören auch zur Familie der Haie.

• • •

Schwellhaie vertreiben Raubtiere, indem sie Meerwasser schlucken, bis sie ihre Größe verdoppeln.

< *Eine Schule von Hammerhaien.*

Leopardenhai.

Weiße Haiwelpen können bis zu 1,5 m lang werden.

...

Magnete, Seife und der Geruch von toten Haien können Haie abwehren.

...

Weiße Haie beißen Menschen, weil sie sie mit Robben verwechseln.

Der Schwanz eines Hais wird Schwanzflosse genannt.

• • •

Der Schwarzhai, oder auch düstere Haie genannt, haben den stärksten Biss von allen Haien.

• • •

Blauhaie sind auch als Wölfe der Meere bekannt.

Tigerhaie haben eine reflektierende Gewebeschicht auf ihren Augen, die *Tapetum lucidum* (lateinisch „leuchtender Teppich") genannt wird. Sie hilft ihnen bei schwachem Licht zu sehen.

...

Bullenhaie sind die aggressivste Haiart.

...

Ammenhaie leben in einem Aquarium länger als die meisten Haie.

...

Sollte ein Weißer Hai und ein Orca-Wal kämpfen, würde der Orca gewinnen.

Ammenhai. *Bild: Steve Laycock*

Der Damebretthai, der in Neuseeland vorkommt, bellt wie ein Hund! Komischerweise gehört er zur Familie der Katzenhaie.

...

Haie gibt es in allen Ozeanen der Erde.

...

Es kommt vor, dass Haie Metallobjekte im Ozean angreifen. Das liegt daran, dass Metalle manchmal elektromagnetische Signale abgeben, die Haie verwirren können.

...

Weiße Haie leben an den Küsten aller Kontinente außer der Antarktis.

Der Weiße Hai hat seinen Namen von der Farbe seiner Unterseite.

•••

Die Angst vor Haien wird **Galeophobie** genannt.

•••

Die meisten Wissenschaftler/innen glauben, dass die seltsam geformten Köpfe von Hammerhaien dazu dienen, Beute zu erkennen.

•••

Der **Amanzimtoti Beach** in Südafrika ist, aufgrund von Haiangriffen, der gefährlichste Strand der Welt.

DAS ULTIMATIVE HAIBUCH FÜR KIDS

UNSERE HAIE BESCHÜTZEN

Haie sind wunderschöne Kreaturen und ein wichtiger Teil des Ökosystems der Welt - dennoch werden sie zunehmend bedroht.

Als Hai-Liebhaber ist es unsere Aufgabe, den Schutz der Haie zu fördern.

Nur einige Gründe, warum wir unsere Haie schützen müssen:

Haie werden schneller abgefischt, als sie sich vermehren können.

...

Das Töten von Haien kann ganze Ökosysteme zerstören, da sie zum Überleben auf Haie angewiesen sind. Ökosysteme sind Lebensräume mit verschiedensten Tieren, Pflanzen und weiteren kleinen Lebewesen.

...

Haie sind ebenfalls ein guter Indikator für die Gesundheit eines Ökosystems. Sollten Haie anfangen ein Gebiet zu verlassen, dann ist es wahrscheinlich, dass dieses Gebiet Probleme mit den anderen Tieren und ihrer Pflanzenwelt hat.

Viele Haie ernähren sich von kranken und schwachen Fischen. Dadurch verhindern sie oft, dass sich Krankheiten ausbreiten und halten die Tierbestände dieser Fische gesünder.

...

Haie gibt es schon seit über 450 Millionen Jahren. Sie haben das gleiche Recht auf ein glückliches Leben auf der Erde wie wir!

WIE KANNST DU HAIEN HELFEN?

Haie brauchen die Hilfe von Menschen wie dir, um das Bewusstsein für ihre Probleme zu schärfen.

Du kannst viele Organisationen unterstützen, darunter *die Project Aware Foundation, die Oceana-Zentrale, Shark Angels, Shark Savers, den WWF* und *Predators in Peril*.

Bei diesen Organisationen hast du die Möglichkeit, einen Hai zu adoptieren, Geld zu spenden und mehr über andere Möglichkeiten zu erfahren, wie du helfen kannst.

**Ein bisschen hilft schon viel!
Hier sind ein paar Ideen:**

- Bitte deine Freunde und Verwandten anstelle von Geburtstagsgeschenken um Spenden für deine bevorzugte Hai-Wohltätigkeitsorganisation. Veranstalte einen Kuchenverkauf, um Geld zu sammeln.
- Werde ein Hai-Botschafter! Teilen Informationen über die Probleme der Haie in deinen sozialen Medien und spreche mit Freunden und Verwandten, um die Botschaft zu verbreiten.
- Adoptieren einen Hai (natürlich virtuell!) über die bereits erwähnten Organisationen.
- Erkundige dich bei deinem örtlichen Zoo, an welchen Projekten er beteiligt ist und wie du helfen kannst.

Feiere den Tag der Haie (englisch "Shark Awareness Day") am 14. Juli.

DAS ULTIMATIVE HAIBUCH FÜR KIDS

HAI-QUIZ

Hast du viel über Haie gelernt?! Dann teste dein Wissen im folgenden Quiz. Die Antworten findest du auf der folgenden Seite 68.

1 Wo befinden sich die Ohren eines Hais?

2 Haie fressen manchmal andere Haie. Wahr oder Falsch?

3 Welche ist die aggressivste Haiart?

4 Welcher ist der größte Hai aller Zeiten?

5 Wie nennt man die Angst vor Haien?

6   Ein Hai-Skelett besteht aus Knochen. Wahr oder Falsch?

7   Welche Haie haben das größte Maul aller Haie?

8   Wie alt können Wahlhaie werden?

9   Wie bekommen Haie Sauerstoff?

10 Walhaie fressen nur Plankton. Wahr oder Falsch?

11 Wie werden männliche Haie genannt?

12 Welche Haiart hat eine abgerundete Rückenflosse?

Ein Walhai.

13 Warum beißen Weiße Haie Menschen?

14 Fast zwei Drittel der Haiangriffe auf Menschen geschehen in weniger als 1 m Wassertiefe. Wahr oder Falsch?

15 Wie lang werden Weiße Haie im Durchschnitt?

16 Können die Zähne von Haien nachwachsen?

17 Haie gibt es in allen Ozeanen der Erde. Wahr oder Falsch?

18 Wie lange können Weiße Haie ohne Nahrung überleben?

ANTWORTEN

1. In ihrem Kopf.
2. Wahr.
3. Bullenhaie.
4. Der Megalodon.
5. Galeophobie.
6. Falsch, es besteht aus Knorpel.
7. Walhaie.
8. Bis zu 150 Jahre.
9. Sie filtern den Sauerstoff aus dem Wasser.
10. Wahr.
11. Bullen.
12. Ozeanische Weißspitzenhaie.
13. Weil sie von unten wie eine Robbe aussehen können.
14. Wahr.
15. 3,4 - 6,1 Meter.
16. Ja.
17. Wahr.
18. Bis zu drei Monate.

Schwarzspitzen-Riffhai.

HAIE
WORTSUCHE RÄTSEL

W	Y	F	B	V	T	Y	T	R	E	S	D
W	E	I	ß	E	R	I	Q	W	E	R	Ä
U	D	B	G	F	D	A	G	V	C	X	Y
Y	S	H	A	I	E	R	T	E	B	Z	T
T	N	K	J	Q	W	D	G	R	R	Ä	R
Ü	H	F	I	U	T	D	W	D	F	H	F
D	B	U	L	L	E	W	D	S	T	N	ß
ß	Y	N	V	O	Z	E	A	N	H	E	D
C	T	B	V	X	S	W	E	R	G	F	D
X	R	Q	W	E	D	S	O	N	A	R	Ä
Z	B	G	F	D	S	E	E	F	E	S	A
M	E	G	A	L	O	D	O	N	N	Ü	G

KANNST DU ALLE WÖRTER IM WORTSUCHE PUZZLE LINKS FINDEN?

HAI	TIGER	SONAR
FLOSSE	MEGALODON	BULLE
OZEAN	ZÄHNE	WEIßER

DAS ULTIMATIVE HAIBUCH FÜR KIDS

LÖSUNG

				T					
W	E	I	ß	E	R	I			
						G			
		H	A	I		E		Z	
						R		Ä	
		F						H	
	B	U	L	L	E			N	
			O	Z	E	A	N	E	
			S						
				S	O	N	A	R	
				E					
	M	E	G	A	L	O	D	O	N

QUELLEN

Shark - Wikipedia (2022). Available at: https://en.wikipedia.org/wiki/Shark (Accessed: 5 November 2022).

12 Shark Facts That May Surprise You (2022). Available at: https://www.fisheries.noaa.gov/feature-story/12-shark-facts-may-surprise-you (Accessed: 5 November 2022).

Learn our top 10 facts about sharks (2022). Available at: https://www.wwf.org.uk/learn/fascinating-facts/sharks (Accessed: 5 November 2022).

Signorelli, L. and Signorelli→, V. (2020) **Ten interesting facts about sharks - Australian National Maritime Museum, Australian National Maritime Museum**. Available at: https://www.sea.museum/2020/01/16/ten-interesting-facts-about-sharks (Accessed: 5 November 2022).

shark | Attacks, Types, & Facts (2022). Available at: https://www.britannica.com/animal/shark (Accessed: 5 November 2022).

The physical appearance of sharks (2022). Available at: https://www.britannica.com/summary/shark (Accessed: 5 November 2022).

shark (2022). Available at: https://kids.britannica.com/students/article/shark/277020 (Accessed: 5 November 2022).

DAS ULTIMATIVE HAIBUCH FÜR KIDS

Wir hoffen du hast ein paar spannende Fakten über Haie gelernt!

Welcher war dein Favorit? Wir würden das gerne von dir in einer **Bewertung** erfahren.

Besuche uns auf
www.bellanovabooks.com/books/deutsch
für noch mehr großartige Bücher.

AUCH VON JENNY KELLETT

...und mehr!

www.ingramcontent.com/pod-product-compliance
Lightning Source LLC
LaVergne TN
LVHW050136080526
838202LV00061B/6501